PAROLES DES DEUX MONDES

RICHARD MOSS

PAROLES DES DEUX MONDES

Compilées par Gill Goater

Traduit de l'anglais par Véronique Massin
avec la collaboration de Deborah Bacon

Les Éditions du Relié
84220 Gordes
France

En couverture :
Bang Hai Ja,
Lumière de l'Himalaya, 1990

Titre original :
Words that Shine Both Ways

aux éditions Enneas Publications, Oakhurst, Californie
(États-Unis)

Pour la traduction française :

ISBN 10 : 2-914916-82-5
ISBN 13 : 978-2-914916-82-0
ISSN 1760-3161

TABLE DES MATIÈRES

PRÉFACE

« Le plus grand cadeau que nous puissions nous offrir les uns aux autres c'est la profondeur de notre présence et la finesse de notre attention ». Cette parole de Richard Moss, lue un jour par hasard dans une revue qui présentait son travail, m'a conduite jusqu'à lui. C'était il y a quelques années. Psychologue, appelée au chevet de personnes angoissées, révoltées, ou tout simplement infiniment tristes d'avoir à mourir, j'avais appris une chose : je ne pouvais rien pour soulager cette souffrance de l'âme. Rien, sinon rester là « au seuil du mystère » comme le dit Richard. Dans ma peine et mon impuissance. Consciente que c'était peut-être de la qualité de la présence, de l'attention et de la confiance que je pouvais offrir en de tels moments, que dépendait une éventuelle transformation de cet état de souffrance, une traversée, une libération. Mais rester présent, laisser être, faire confiance au réel sous toutes ses formes, n'est pas chose facile. Nous le savons bien pour nous-même. Nous connaissons ces exigences de l'ego, ces impatiences qui font naître en nous tant de contractions, de refus. Nous savons combien il est difficile d'accueillir ce qui est. A fortiori, quand tout va mal pour l'autre, et que nous sommes là pour l'aider. J'avais découvert que l'acceptation de sa propre impuissance face à la souffrance d'autrui ouvre un espace de rencontre situé bien au-delà des mots. À condition d'être présent. *« Just care »* « prêtez seulement attention » disait Richard, dans

ce même article, décrivant son propre travail comme une invitation constante à honorer l'instant présent. J'ai eu envie de le rencontrer. Pas seulement pour être plus présente à ceux que j'accompagnais, mais parce que je sentais que l'enjeu de cet approfondissement de la présence était tout simplement spirituel. J'étais poussée par l'intuition d'aller vers quelqu'un qui m'aiderait à grandir.

L'homme a gagné ma confiance. Il s'exprimait de façon directe et simple. Et sa voix sonnait juste. Il se dégageait de sa personne quelque chose de profondément intègre, authentique, étonnamment présent et à l'écoute des participants. Je redoutais, en venant, de me trouver en face d'une de ces personnalités charismatiques qui drainent toutes les projections et usent de leur séduction pour manipuler les esprits. J'ai rencontré quelqu'un qui n'hésitait pas à montrer ses doutes ni à dire *« je ne sais pas »*. Sa première parole, alors que je l'interrogeais sur son enseignement, fut : *« je ne veux pas de gens qui me suivent. Je ne suis pas là pour amener les gens à mes propres vues, je suis là simplement pour servir ce qui peut s'éveiller à travers nous, dans le temps que nous passons ensemble »*. Ce « nous » m'avait plus. Il ne se posait pas en « maître », mais humblement comme faisant partie d'un « être ensemble » au service de la vie. *« Nous sommes tous des débutants »* avait-il ajouté.

On comprendra que je n'aie pas hésité à me mettre à l'écoute de cet homme qui n'avait d'autre objectif que de m'aider à aller vers moi-même, au sens où Dieu nous y invite, quand il dit à Abraham : « Va vers toi-même ! » Va vers ton « Je suis ». Va vers la Réalité qui est déjà présente en toi, et dont tu traduiras la perception à ta façon. Je suis convaincue que notre destin spirituel ne se joue nulle part ailleurs qu'en nous-même. Tout au plus pouvons-nous rencontrer des précurseurs, qui, en éclaireurs, nous font partager leur expérience. « Aucun homme ne peut rien vous révéler sinon ce qui repose déjà à demi endormi dans l'aube de votre connaissance », dit le poète Khalil Gibran. Richard fut pour moi, parmi d'autres, un de ces éclaireurs.

Et qu'a-t-il éclairé en moi, qui s'y trouvait déjà ? La capacité de s'abandonner avec confiance, qui n'est rien d'autre que la Foi. Car ce qui m'a le plus touchée chez Richard, c'est sa Foi. Une Foi communicative en la Vie. Et comment nous la communiquait-il ? Jamais par des discours. Simplement en nous invitant à entrer dans l'expérience. Entrer dans nos peurs, dans notre manque de confiance, jusqu'aux limites de nous-même, jusqu'à ce point où l'on ne peut plus faire autrement que de lâcher la contraction de l'ego, pour s'abandonner à ce qui est. C'est ainsi qu'il nous aidait : en nous communiquant sa propre confiance dans la capacité que nous avions de découvrir la foi par nous-même. Les paroles qu'on lira dans ce livre sont une constante invitation à la confiance. Ce ne sont pas de « bonnes » paroles, mais des paroles inspirées. Des paroles qui viennent de plus loin que celui qui les prononce. On sent qu'elles le traversent, tel un vent d'inspiration semant des graines dans nos cœurs ouverts. Certaines de ces paroles m'ont habitée et m'habitent encore. Ainsi celle-ci qui revient comme un *mantra* quand ma propre confiance dans le déroulement des choses flanche : *« Nous sommes dans les mains de quelque chose qui ne nous laissera jamais tomber »*.

Quand nous étions aux prises avec nos peurs, il nous invitait à l'humour, à rire de nos peurs, à chanter notre désespoir. L'été dernier, au cours d'une grande randonnée dans l'immensité des montagnes californiennes, prise par le vertige sur une pente assez raide, il m'a tendue la main et tout en avançant avec moi, il s'est mis à chanter « j'ai peur !, je vais tomber !, je vais mourir ! ». Je n'ai pu m'empêcher de rire, et ma peur est tombée. *« Tout ce dont nous pouvons rire n'a plus aucune emprise sur notre âme »*.

J'ai médité longtemps sur cette idée chère à Richard, que nous ne sommes pas là pour chercher le bonheur, mais pour vivre. Pour étreindre la vie, toute la vie. Une vie faite de contraires car *« la psyché aime les contrastes »*. Cela aussi nous aide à rester présents, impuissants que nous sommes devant la souffrance et la mort. Sinon comment ne pas être tenté de fuir ou de détruire ? Souvenons-nous de cette jeune femme juive, au seuil du mystère de sa propre destruction si proche, Etty Hillesum disant : « La vie est belle et pleine de sens dans son absurdité, pour peu que l'on sache y ménager une place pour tout et la porter tout entière en soi dans son unité ».

Accepter le réel sous toutes ses formes, avoir une confiance profonde et absolue dans la vastitude que nous sommes, rester présent et attentif à ce qui est, tout cela se vit d'abord dans le corps que nous sommes. Les contacts que Richard a eus avec l'Orient, et notamment l'Inde, ainsi qu'avec la culture amérindienne, l'ont ouvert à cette attention au corps, lieu d'incarnation de la conscience. C'est à une conversion qu'il nous invite : changer notre perception du corps. Depuis des millénaires, en Occident, nous vivons avec cette notion que l'homme doit utiliser, maîtriser le corps, comme un objet que l'on possède. Il nous faut découvrir ce que c'est que « d'être un corps », que d'habiter un corps, et par là-même apprendre à aimer notre corps, à respecter ce niveau d'organisation qu'est notre corps, à aimer nos cellules, à sentir ce que nous pensons, et à penser ce que nous sentons. Ceux qui ont pratiqué la Méditation Sacrée, lors des séminaires, ont tous été profondément touchés par cette façon d'approcher le corps de l'autre comme un mystère vivant, avec respect, avec tendresse, véritable célébration du divin présent en chacun de nous.

À quoi Richard nous invite-t-il ? S'il parle de l'Éveil, il ne s'agit pas d'une expérience exceptionnelle ou extra-ordinaire. Il s'agit d'accepter la vie que nous avons dans ce qu'elle a de quotidien et d'ordinaire, de « tout simplement humain ». Il s'agit d'entrer en intimité avec soi-même, avec l'autre, avec ce mystère ou cette « infinitude » qu'il nomme aussi « Dieu ». Pour cela un seul chemin, aussi simple qu'exigeant, celui de devenir « disciple de la Vie », de la servir avec présence, confiance et attention.

Marie de Hennezel

AVANT-PROPOS

Quand Gill Coater, une amie et élève de longue date de mon travail, me parla de produire un recueil à partir des citations qu'elle avait recueillies au fil des ans lors de mes divers séminaires, l'idée me fit plaisir, mais j'étais un peu dubitatif. Dans bien des cas, le langage parlé a du mal à passer à l'écrit, et plus particulièrement encore en ce qui me concerne. La raison en est peut-être, outre la poésie propre au verbe, que notre cerveau est conditionné à attendre dans l'écrit un agencement plus linéaire des idées. Quand j'enseigne, je lâche tout et entre dans une relation plus profondément consciente. Cette relation prend instantanément place en moi et chez ceux qui m'offrent leur attention. Les mots jaillissent spontanément, portés par un courant d'énergie ou de présence. Ils s'écoulent d'eux-mêmes, s'organisant en des voies inattendues, parfois d'une étonnante acuité, et qui bien souvent viennent stimuler chez les auditeurs aussi bien qu'en moi-même des espaces profondément ressentis. Oui, ce sont bien là paroles des deux mondes – nous faisant entrer dans une relation plus profonde avec nous-même qui en même temps devient une perception nouvelle de notre univers.

Je suis ravi et ému par la sensibilité et l'intelligence avec lesquelles Gill est parvenue à conserver le ressenti, l'inspiration et l'ambiguïté de ces pensées spontanément énoncées. S'en remettant à son propre ressenti, elle a sélectionné des passages qui résonnaient en elle et les a regroupés par thèmes, selon les grands axes de mon enseignement. Plus important encore, peut-être, elle a restitué ces paroles sous une forme visuelle qui donne à notre sens poétique tout l'espace nécessaire pour les recevoir. Je suis persuadé que le lecteur se trouvera enrichi par son travail.

Suivant la suggestion de plusieurs personnes qui ont lu le premier manuscrit, j'ai ajouté à certaines citations un fil d'enseignement complémentaire. Ces annotations, qui apparaissent en bas de page, dans un caractère différent, sont destinées à approfondir ce que suggère la citation en question.

Je suis très reconnaissant à Gill d'avoir créé cette opportunité de vous convier à une relation avec moi, ou du moins avec l'état d'être qui m'a conduit à exprimer ces paroles.

Au service de la Vie avec vous,

Richard Moss

INTRODUCTION

Je roule sur une piste, en route vers ma première rencontre avec Richard Moss et le lieu de naissance de ce recueil. Il fait très chaud dans le minibus et le paysage est nouveau pour moi – ocre et jaune, parsemé de taches vert terne, plaine d'armoise dont l'aridité dépasse tout ce que je pouvais imaginer. La piste serpente entre d'énormes rocs, si étroite que par moments, c'est tout juste si les flancs du minibus ne les accrochent pas. Je regarde la poussière tourbillonner et scintiller dans cette luminosité sèche ; et quand elle retombe, la clarté de l'air attire mon regard et m'aspire, me faisant traverser l'azur brûlant jusque dans l'immensité sans fin.

Le minibus s'engouffre dans un passage plus étroit, pour déboucher dans une minuscule vallée encerclée de blocs de pierre aussi vieux que le monde, amoncelés çà et là tels des dieux déchus. Je sors du minibus et mon corps tressaille. Je suis hébétée par le choc d'une beauté aussi inattendue. Je sens l'herbe grasse chatouiller mes pieds nus, car je me suis débarrassée de mes sandales – on n'entre pas chaussé au Paradis. L'air sent l'humide et le mûr, et je découvre des figuiers noueux chargés de fruits, des pêchers, des amandiers, des vignes aux lourdes grappes. Les séminaires de Richard vous transportent au-delà de votre réalité familière et déjà le paysage a commencé ce travail.

Depuis ce jour de 1989, j'ai assisté à de nombreux séminaires de Richard Moss, aussi bien en tant que participante que comme collaboratrice, mais jamais plus à Hidden Valley. Je suis toujours surprise de découvrir qu'en dépit d'un contenu très similaire, ce que l'on ressent est à chaque fois différent. Je me suis interrogée sur ce phénomène et en ai conclu que j'apporte à chaque séminaire un *moi* différent, un moi qui reflète le processus continu du changement et de la maturation spirituelle qu'engendrent ces séminaires axés sur l'expérience vécue. Il est fréquent qu'une phrase de Richard vienne élire domicile dans mon cœur et opère une subtile modification tout au long de l'année, comme la levure dans la pâte.

Par exemple, « *Le Je Suis véritable est présent partout, passant avec grâce d'un endroit à l'autre* », dit-il, et je me demande : « Que signifie *le Je Suis* ? » Je commence à comprendre que cela veut dire être authentique, ne pas faire semblant d'être quelque chose pour paraître plus acceptable aux yeux des autres, ne pas me dissocier et perdre conscience de moi-même et de chaque instant du présent. C'est se maintenir délicatement centré sur le souffle, sur l'être, sur ce que chaque instant apporte, sur la relation à autrui, sur ce que Dieu représente pour moi. J'ai le choix de la direction vers laquelle je vais orienter mon attention. Nous avons tous ce choix, qui peut nous conduire dans une connexion réelle avec notre corps et l'instant présent. Car le Je Suis, c'est être pleinement incarné.

Marcher sur la plage donne lieu à d'autres sensations quand je suis consciente de mon corps. Avant, ces promenades constituaient une occasion de rêver, de me perdre dans mes pensées ; aujourd'hui, le ciel, l'odeur iodée et le scintillement de l'écume des vagues venant se briser sur le rivage m'entraînent, non plus dans une félicité qui n'était qu'une fuite, mais dans un contentement que je ressens intensément dans mon corps, non plus dans une prise de congé mais dans un rassasiement des cellules, non plus dans une perte de soi mais dans l'acquisition d'un soi plus vaste. Et je veux exprimer cela avec mon corps, chanter ou tournoyer ou lancer des coups de pied dans l'eau et jouer dans les vagues.

Plusieurs mois durant, les mots ont approfondi ma conscience et ma compréhension du Je Suis ; et un jour, je me rendis compte que j'introduisais davantage de cette qualité dans ma façon de me relier à autrui. Au chevet de mon amie mourante, rester centrée et présente dans la peine et l'impuissance a permis un partage jailli de l'authenticité. S'il n'atténua pas la souffrance, je sus que nous nous étions très profondément rencontrées dans un espace situé bien au-delà des mots.

Vous remarquerez que Dieu est fréquemment cité dans ce recueil. Franchir cette barrière me demanda beaucoup d'efforts, à moi qui, déçue, m'étais détournée de l'Église à l'époque de mes vingt ans. Quel genre d'homme est-il donc pour parler si librement de Dieu, et quel est son cadre de référence ? Dieu n'est-il qu'un mot évocateur pour désigner l'âme, pour désigner l'intelligence qui crée ce complexe réseau d'interconnexions dans lequel nous vivons ? Nous avons été mis en pièce par le dogme, par les idées fabriquées par l'homme sur la nature de Dieu. Que se passe-t-il quand nous retirons la tentative de définir Dieu et « intuitons », si nous sommes sincères, notre réelle ignorance de ce qu'est Dieu ? Que se passe-t-il quand le mot Dieu nous suggère simplement : le mystère ? Ou bien une unicité avec toute la vie, ou l'intelligence profonde de l'univers, ou encore l'acte sacré de l'attention ou la sainte nature du souffle ? Que se passe-t-il quand nous retirons toute connaissance entourant le mot Dieu ?

Ces citations sont animées d'une vie puissante qui leur appartient en propre. Elles ont le pouvoir de faire basculer votre perspective, d'amener sur l'instant une nouvelle conscience dans votre vie – comme si l'on plantait des graines qui croissent dans l'âme. Beaucoup d'entre elles ont un pouvoir inducteur qui opère au-delà du niveau de l'esprit rationnel. Elles parlent à l'intelligence du corps aussi bien qu'à l'esprit. Ne vous tracassez pas si parfois vous ne parvenez pas à comprendre, si parfois vous vous sentez perdu. Laissez le mental demeurer calmement dans la confusion pendant un moment. L'ego a besoin de ne plus savoir où il en est avant de renoncer à ses tentatives de définir ce qui ultimement est indéfinissable – la vie.

Durant votre lecture, il est important de laisser les mots s'infiltrer et s'ancrer en vous sans vous démener pour comprendre, car certaines de ces citations sont énigmatiques, et le sont délibérément. Elles ont le pouvoir de toucher et d'éveiller la profonde veine de mysticisme présente dans la psyché humaine, transmettant un sens même quand l'intellect ne peut pas suivre. Lisez-les comme de la poésie, cet art où s'adjoignent au sens littéral de nombreuses couches, niveaux et textures, intuitions non dites et aperçus de l'essence.

Ce livre est un recueil de paroles prononcées par Richard Moss au fil des ans, lors de séminaires ou conférences. Je les ai simplement mises en forme, organisant les lignes et les espaces de façon à refléter les intonations du langage parlé. Elles sont regroupées sous des thèmes qui sont au centre du travail de Richard. Chaque section s'ouvre par une brève explication afin de permettre une compréhension plus profonde.

Ces paroles ont semé en moi des états de grande joie ; elles ont aussi été une étincelle de lumière intérieure dans certains moments très sombres, où le délice d'être vivante m'avait quittée. J'espère que la lecture de ce livre sera aussi enrichissante pour vous que l'a été pour moi sa compilation, laissant les mots rouler dans mon cœur et dans mon esprit, provocateurs et lourds de sens. Ils m'ont fait grandir et m'ont réconfortée, m'ont passionnée et m'ont rendue humble, m'ont fait trembler, rire, pleurer et exulter dans la beauté et l'éclat transcendant de la possibilité humaine.

Je pense que les paroles de ce livre constituent notre possible de demain, nous invitant sur un chemin que nous pouvons tous suivre si nous sommes suffisamment honnêtes et humbles pour admettre qu'il n'existe aucune carte pour ce territoire appelé l'existence. Osons embrasser le mystère de nous-même et de notre relation, à la fois les uns envers les autres et avec la profonde intelligence qui nous habite ; entendons cet appel à l'éveil qui résonne de par le réseau de conscience qui nous relie.

La vie est exempte de toute certitude et reconnaître son mystère, sa beauté et sa souffrance peut nous plonger dans un pur émerveillement qui nous précipite à genoux. Sommes-nous disposé à nous abandonner à ce qui est plus que génétiquement imprimé en nous, à embrasser ces exhalaisons de notre vaste potentiel et de notre infini possible ?

Voilà des années que j'utilise ces citations, les couchant sur le papier pour moi-même ou les recopiant pour les donner à des amis. Cela a été une magnifique façon de partager ce qui m'habite quand je ne peux pas trouver mes propres mots pour l'exprimer, et je prends plaisir à voir ces poèmes toucher le cœur d'autres personnes. Il arrive souvent que je fixe une citation sur mon réfrigérateur ou à côté de mon lit, observant la façon dont elle transforme mon énergie. Parfois j'en choisis une au hasard, avec la foi qu'elle signifie quelque chose pour moi à ce moment-là. Cette pratique est devenue une façon d'accéder à ma propre intuition et une bonne manière de me préparer à la méditation.

J'espère que les paroles de ce recueil allumeront une lumière qui brillera en vous, à la fois comme un phare qui vous guide et comme une source d'inspiration vous conduisant dans la foi et l'espoir au travers de cette période turbulente de notre histoire.

Gill Goater

Avec tout mon amour

I
LA MÉDITATION

L'ouverture du cœur – notre capacité à ressentir dans l'Infini – constitue le noyau de l'enseignement de Richard Moss. Un cœur ouvert présuppose une profonde conscience méditative, une intuition radicale de cela-qui-précède-la-pensée. *Sinon, nous sommes constamment à la merci de nos pensées, heureux lorsqu'elles sont positives et malheureux lorsqu'elles sont négatives.*

Il existe de nombreuses pratiques pour approcher l'état connu sous le nom de « méditation ». En règle générale, il s'agit de stabiliser la perception consciente au moyen de quelque forme de focalisation de l'attention. On peut par exemple répéter un mantra : un mot ou un son tel que « Alléluia » ou « Oui ». D'autres formes utilisent la conscience du souffle, avec ou sans considération spéciale de la posture.

Richard Moss compare souvent la conscience du souffle ou du mantra à la baguette d'un chef d'orchestre. La baguette communique aux musiciens le tempo et même la qualité émotionnelle de la musique, unifiant ainsi leur jeu. Toutefois, si le musicien se polarise trop sur la baguette, il perd le contact avec le morceau qu'il est en train de jouer, tandis qu'à l'autre extrême, s'il ne prête pas attention à la baguette, il perd le tempo – et c'est la cacophonie. Tout outil de méditation peut donc constituer soit une aide, soit une entrave, selon la subti-

lité de notre compréhension. Les citations qui suivent révèlent le cœur de la méditation, au-delà de tout allégeance à une technique spécifique.

La Méditation Sacrée mentionnée dans certaines citations est une manière de partager avec une autre personne la présence qui s'élève lorsque nous ouvrons notre attention pour passer à une intuition de l'Infini. L'une des deux personnes, allongée et détendue, reçoit tandis que l'autre partage activement, posant ses mains en différents endroits au-dessus du corps de celle qui accueille. Le thème de la méditation est l'espace, psychologique et physique, entre soi et autrui, l'espace qui à la fois réunit et sépare. Il est fréquent que l'on ressente un sentiment palpable de paix, et les deux personnes peuvent parfois toutes deux ressentir un courant d'énergie.

L'essence de la Méditation Sacrée est ce que Richard appelle le « déshabillage » – un déshabillage de la psyché, un effeuillage de notre besoin de contrôler, des stratégies par lesquelles nous recherchons amour et approbation, de tout ce qui nous empêche d'être véritablement présent et de nous vivre en relation avec autrui. L'une des façons dont le mental fait obstacle à cette mise à nu consiste à aborder l'autre avec l'idée que l'on a quelque chose à donner. « Je suis un guérisseur » est une structure du mental qui nous empêche d'être pleinement présent. Vouloir « faire comme il faut » en est une autre.

La Méditation Sacrée est une belle façon d'apprendre comment nous évitons et faisons obstacle à une relation immédiate avec autrui dans le moment présent.

La méditation, c'est rire de vous-même.
Je sais que probablement personne n'a jamais dit
que c'est cela, méditer.

Pendant une vingtaine de minutes
si tout va bien chaque jour
pendant un moment
nous apprenons à simplement observer le mental.

Nous passons un licol au mental, fixant délicatement
son attention comme si, en quelque sorte,
nous l'ancrions.

En mettant le mental à l'attache
il devient possible d'observer
à partir de ce lieu fixe
tout ce que nous faisons d'autre avec lui.

Nous apprenons à rire
de la dynamique de la sensation
dans le corps
nous apprenons à laisser les choses
passer.

Nous apprenons à rire de la peur
de la joie, de l'espoir
de la solitude.

**Ultimement, ne pas me prendre au sérieux
c'est découvrir l'espace, découvrir Dieu.**

Disons que nous mettons le mental à l'attache
en répétant silencieusement le mot « Oui »
« Oui » est une traduction approximative de « Om »
OM signifie « Oui à la vie, oui à ce qui est. »

Ce qui jaillit de cette pratique
est un simple témoin, un simple observateur.

Là je suis heureux
là je suis malheureux
là je ressens une douleur
là je suis empli de félicité.

Quand finalement nous avons fixé le mental
nous commençons à intuiter ce qui est préalable au mental.

Une certaine méditation consiste à suivre la respiration,
devenir très réceptif
à tout ce qui s'élève dans la conscience,
être centré dans le corps,
avoir conscience du souffle et l'utiliser
comme un point d'ancrage de l'attention.

L'une des images est celle d'une rivière
et sur le courant de cette rivière flotte une pensée ;
elle passe, vous l'observez
et elle disparaît de votre vue.

Ou bien un ciel sans nuages ;
puis vient une sensation
ou un sentiment, ou un schéma de la mémoire
et c'est un nuage ;
et vous apprenez à l'observer
et vous apprenez à rire de vous-même.

Vous apprenez à rire
de n'importe quel processus de pensée qui monte.

Peu importe que ce soit une pensée de Dieu ou de pop-corn
ou le désir de vous sentir bien
ou l'aspiration à la paix de l'esprit.

Et finalement nous comprenons
que tout ce dont nous pouvons rire
n'a plus aucune emprise sur notre âme.

J'entre en méditation
et tout à coup je m'endors
et me voilà parti.
Qu'est-ce que cela ?

Cela est la méditation
cette fraction de seconde, libéré de toute technique,
avant de vous endormir
ou de partir à rêvasser.

Pendant la méditation,
si l'attention vagabonde
vous vous dissociez – parti dans vos pensées,
vos souvenirs, vos plans
et le niveau d'énergie chute.

Le paradoxe veut que
plus vous vous détendez,
plus le danger est grand
que le mental vagabonde sans but
et que vous décolliez.

Simultanément,
plus vous vous détendez,
plus il y a de chances
de simplement tomber dans l'attention,
tomber dans une simple attention.

Tel est le paradoxe
fondamental de la méditation.

C'est être totalement détendu
et pourtant pleinement présent.

La méditation n'est pas une technique de réduction du stress. C'est une façon de reconnaître l'ego et le fait de voir l'ego relâche naturellement son emprise sur notre perception.

Quand nous rentrons chez nous,
quand nous retrouvons le chemin de nous-même,
le souffle fait affluer la félicité dans un grand espace
d'être silencieux.

En entendant ces mots, l'ego dit
« Je veux cela. Je dois beaucoup travailler
avant de pouvoir rentrer chez moi.
Je dois en être digne. »

Mais le lieu qui nous nourrit réellement
nous reçoit de quelque mystérieuse façon
et ne se soucie guère
de ce que nous avons fait
ou de qui nous pensons être
ou de ce que nous imaginons avoir besoin de faire.

Encore et encore notre ego nous entraîne dans la recherche, dans l'effort. L'ego nous dit que nous ne pouvons pas suffire tel que nous sommes. Il exige que nous nous contractions dans le doute, dans l'affliction, dans la peur. Alors il se sent de nouveau en sécurité.

N'entrez pas en méditation en pensant
combien cela peut être puissant
combien cela peut être vaste.

Entrez en méditation en prenant conscience
de votre propre fragilité foncière.

La psyché humaine fait preuve
d'une élasticité inouïe
mais si jamais vous l'avez sentie
sur le point de rompre ses amarres
de la conscience sujet-objet,

si jamais vous avez ressenti la terreur
de cette ouverture sur l'infinitude
l'extraordinaire fragilité
de la conscience humaine
la fragilité de l'âme
quand elle porte son regard sur l'infinitude,

si vous avez ressenti cela, vous connaissez l'humilité.

Ultimement, la méditation peut nous mener à l'abîme où moi-et-l'autre sombre dans JE SUIS CE QUE JE SUIS. Pour l'ego souverain cela est parfois vécu comme un anéantissement. Mais ce n'est en fait qu'une humiliation, une humiliation de notre point de vue égo-centrique, de telle sorte que l'ego devient le serviteur de la conscience au lieu du despote qui détermine notre sens de nous-même.

C'est un territoire que personne, aucun esprit
n'appréhende ou ne comprend réellement.

Vous ne pouvez pas entrer en méditation
en présumant que vous allez connaître une expansion,
vous apaiser, vous éveiller,
que tout sera parfait.

Vous ne pouvez entrer
dans aucune communion énergétique profonde
avec cette ambition placée au service de vous-même.

En méditation, même la qualité subtile de l'attente peut être une forme de contraction, une dynamique de l'ego.

L'un des immenses bonds en méditation
consiste à devenir conscient
de celui qui veut méditer
et de celui qui ne veut pas méditer.

Parce que derrière celui qui veut ou ne veut pas
réside ce que les Bouddhistes appellent le corps de désir.

Vous pouvez trouver le corps de désir partout.

Et être capable d'observer le corps de désir
sans le repousser ni s'y engager ou l'alimenter
est le début de la liberté.

La méditation détient la possibilité
d'effacer la séparation

entre le penser et l'être

entre moi et toi

entre moi et Dieu.

La méditation est l'art de l'intimité avec soi-même.

Intimité avec l'agitation et le repos de l'esprit.
Intimité avec la façon dont la conscience tombe
dans les humeurs, dans la souffrance et le malaise,
dans le rabâchage du passé, dans les projets
et crée la série ininterrompue de moi(s)
– qui alimentent sans fin notre ego.

Moi qui aime
Moi qui a peur
Moi qui fait des efforts
Moi qui capitule
se désespère, exulte, meurt

Moi(s) à réparer.

Intimité avec tout cela sans jugement,
simplement voir, ressentir
la présence de la conscience.

Le cœur de la méditation, c'est laisser être.

La présence de la conscience
ne se perd pas dans toutes ces formes
que nous appelons nous-même
elle est autant dans notre paix
que dans notre souffrance.

Mais comment voir
être simplement conscient

que quoi que nous percevions
nous sommes déjà plus vaste que cela.

Décidez d'être pleinement présent
Ne devenez complice
d'aucune pensée, d'aucun désir.

Voyez comment tout ce que nous faisons ou voulons
est une façon d'éviter la relation

Maintenant

La Méditation Sacrée ressemble
à une imposition des mains
si ce n'est que vous vous débarrassez du concept
que Dieu opère par votre intermédiaire.

Car
cela n'est qu'un concept
et pourquoi cela serait-il vrai ?
Pourquoi cela serait-il faux ?
Mais cela reste un concept.

Ce n'est pas quelque chose que vous savez
c'est quelque chose que vous pensez.

Alors laissons-le s'en aller.

La Méditation Sacrée célèbre la plus fine qualité d'énergie à laquelle j'ai accès avec vous.

La Méditation Sacrée est une légère variation de toutes ces techniques d'imposition des mains – Kinésiologie, Reiki, Polarité – où vous faites quelque chose à quelqu'un en tant que thérapeute et ainsi délimitez la relation dans un mode plus concret.

Et cela est un peu moins mystérieux.

Pourtant à l'instant où vous enlevez le mode concret du thérapeute et du patient et devenez l'adorateur-serviteur de l'existence partageant une relation avec un autre, cela devient une Méditation Sacrée.

Il existe une différence profonde entre apprendre un travail énergétique en tant que thérapeute de l'énergie et un travail énergétique considéré comme une porte ouvrant à la connaissance de soi, qui en réalité est l'ignorance et le mystère de la Relation.

La Méditation Sacrée est un levier,
un jeu cosmique,
une danse entre l'incarnation
et la transcendance,
entre l'immanence
et la transcendance.

Quand je pratique la Méditation Sacrée
et que la personne est vraiment disponible,
quel délice dans l'incarnation
et quelle joie transcendante !

Et parfois si la personne est ouverte
à cette énergie plus vaste
mais a peur de demeurer dans son corps,
il est stressant de rester auprès d'elle.

Ou bien si elle est vraiment fermée et tendue,
la rencontrer
est très difficile,
et ouvrir avec elle la porte de l'infinitude
est pure angoisse.

L'ouverture d'une personne est la défaite de son ego, vaincu par la vérité, par la vie telle qu'elle est. La fermeture d'une personne est la souveraineté de son ego, son engagement dans la séparation. Plus nous sommes ouvert, plus nous ressentons douloureusement ceux qui sont fermés. C'est cette souffrance vécue dans la dignité qui peut finir par les aider à s'ouvrir.

II
L'ATTENTION

Qu'est-ce que l'attention dont parlent les citations suivantes ?

Chaque seconde de chaque jour, nos environnements intérieur et extérieur nous assaillent de milliers de stimuli – idées, sentiments, images, sons, sensations physiques, etc. Pour survivre à cet assaut assené à notre conscience, nous devons en filtrer la plus grande partie. Au fil des ans, au fur et à mesure que se développe notre ego, nous devenons extrêmement sélectif quant à ce que nous autorisons à entrer dans notre perception consciente. Nous créons des habitudes.

Nous pouvons choisir ce que nous allons percevoir d'instant en instant et notre choix a une grande influence sur la qualité de notre vie.

Si ce sur quoi nous choisissons de porter notre attention nous aide à grandir dans la maturité émotionnelle et spirituelle, à développer des relations intimes avec nous-même et avec autrui, alors la manière dont nous employons notre attention amplifie notre vivant.

Si nous avons l'habitude de nous dissocier de nos sentiments ou si nous sommes trop identifié au bavardage de notre mental pour être présent à ce qui est réellement là, nous nous anesthésions. Nous devenons moins relié, moins capable d'intimité, moins susceptible de vivre des moments de ce vivant radical qui est notre potentiel humain.

Supposons par exemple que lorsque je suis en colère ou énervée, mon attention se porte sur ce qui se passe dans mon esprit : comment tout cela est arrivé, peut-être, ou bien, combien la vie est injuste, ou encore comment a-t-il pu oser m'insulter ainsi, et ainsi de suite. Tel est l'un des choix possibles. Nous connaissons tous ce type de pensées. Celles-ci alimentent la colère.

Que se produirait-il si, au lieu de cela, je reconnaissais que je suis en colère et dirigeais mon attention sur ma respiration et la sensation de la colère dans mon corps, prêtant attention, observant, maintenant la sensation et la respiration dans ma perception ? Qu'arrive-t-il alors aux feux de la colère ? Peut-être vais-je voir comment mon scénario intérieur se transforme de minute en minute. Peut-être vais-je intuitivement entrer dans ce que mon corps pourrait faire pour exprimer l'énergie emprisonnée dans ses limites. Peut-être va-t-il basculer dans autre chose. Peut-être vais-je rétablir le lien perdu durant mon enfance, où la colère ne constituait alors qu'une expérience physique qui se répandait en moi dans une expression authentique. Les possibilités sont tellement nombreuses...

Partout, le cœur de tout exercice spirituel est l'attention. Cette section explore ses nombreuses facettes, nous aiguillonnant à découvrir et examiner les schémas de notre propre vie.

L’attention est entre toutes
la plus importante ressource
dont l’être humain
dispose ;

et que ce soit l’une de nos ressources
est si évident
que nous n’avons même jamais conscience
d’en être porteur.

L’attention n’est pas ce que nous entendons ou voyons, c’est la capacité d’écouter, de percevoir.

L'attention est énergie
et tout ce qui peut vous maintenir présent
enfante l'énergie.

Si les gens sont réellement présents
toute la vibration de la pièce
se densifie et s'affine.

C'est comme être assis dans un champ de force.

Aucun sportif n'atteint son summum si son esprit est fixé sur le passé ou sur le futur.

Tout exercice spirituel
son cœur même
consiste à développer l'attention,
parce que l'attention
c'est la présence.

Je fais profondément confiance
à ce qui nous arrive
quand nous commençons à réellement écouter
ce que la vie demande

car dans l'acte même d'écouter
nous commençons à nous ouvrir
à ce dont nous avons véritablement besoin.

Notre ego veut contrôler et diriger notre expérience et cela nous affaiblit, car nous sommes ainsi devenu à notre insu victime de la peur.

Si vous êtes véritablement présent
au tréfonds de vous-même

si vous écoutez réellement
à l'intérieur de votre propre corps-esprit
vous êtes extrêmement, exquisément présent
à ce qui se manifeste à l'extérieur.

Certaines personnes ont un Je Suis intense
dans un contexte familier
et le perdent dans un autre.

Le Je Suis véritable
est présent partout
passant avec grâce
d'un endroit à l'autre.

Nous confondons notre être naturel, notre Je Suis avec notre « persona », notre identité personnelle. Alors au fur et à mesure que les situations changent nous sommes ou nous ne sommes pas en harmonie.

La créativité spontanée
est une attention
à tout ce qui est.

L'attention n'est pas passive. C'est une relation dynamique qui d'instant en instant nous met au diapason du déploiement naturel de la vie.

La plupart du temps notre discours
provient du passé
ou parle du futur.

Dieu ne parle pas.
Le créateur ne parle pas.
C'est le créé qui parle
dans une boucle sans fin d'auto-absorption.

La connexion directe
à cela qui est la vie est morte.

En Occident nous parlons du corps, du mental et de l'Esprit. Mais dans certaines traditions orientales cette triade est le corps, le mental et la voix. Car l'Esprit est ce qui nous vit quand nous nous exprimons à partir de l'immédiateté du présent.

L'imposition des mains
participe du mystère de l'attention
mais devient un rituel de guérison
et le mystère réel est perdu.

Méditation Sacrée, Reiki, Équilibrage de l'Aura
sont fondamentalement
des exercices d'attention subtile
mais l'ego
les fait siens
et ils sont engloutis dans la structure
de la guérison spirituelle, de la thérapie énergétique,
etc.

C'est pourquoi nous faisons tant d'expériences
et apprenons si peu.

Quand nous n'avons plus à nous duper nous-même avec des situations « spéciales » pour basculer notre attention vers l'infini, alors nous sommes déjà un guérisseur, toujours, répandant un rayonnement de présence, toujours. Rien de spécial.

L’éveil est la foi.

Le mot foi signifie généralement
que vous pouvez adopter une série de croyances
et vous y accrocher
et cela est votre foi.

Ce n’est que de la peur.

La vraie foi, c’est quand
cette entité, cet organisme,
au cœur de l’intensité du sentiment

demeure.

Tout notre travail tourne autour de cela
non pas comment s’en aller
mais comment demeurer.

Le plus grand cadeau
que nous nous offrons mutuellement
est la qualité de notre attention.

Où est l'attention de Mère Térésa
quand elle prend dans ses bras
un enfant qui meurt de faim ?

Elle est dans le Christ
qu'elle voit
en elle-même
et dans l'enfant.

Elle est dans l'infinitude
le mystère sans fin.

Oui.

J'aime à penser au Shabbat comme à une chose que
nous avons en quelque sorte saccagée
nous souvenant de Dieu seulement ce jour-là.

Et si nous disions qu'un septième de notre attention
à tout moment
est orienté vers l'infinitude
vers l'illimité
vers Dieu ?

Un septième de mon attention.

Juste assez pour me faire savoir
au-delà de combien
je t'aime ou ne t'aime pas
au-delà de combien je suis figé
dans mes jugements sur toi,
qu'un septième de moi est mobile à l'infini
et que tu vas lentement déprendre-et-prendre-forme
devant mes yeux et mon cœur.

Six septièmes de moi t'étreignent
d'une certaine façon
et six septièmes de toi m'étreignent

mais un septième de chacun de nous
se déploie
et redonne forme à notre monde
d'instant
en instant
en instant,
lui qui n'oublie pas Dieu.

III
LE MYSTÈRE

Cette section sur le mystère embrasse tout ce que nous ne connaissons pas sur nous-même, la nature de l'univers et Dieu. D'instant en instant nous sommes invité à entrer en relation avec le mystère, à nous tenir à la frange de l'inconnaissance de nous-même. La relation adéquate consiste peut-être à approcher le mystère comme un vaisseau sacré qui va nous rapprocher de son propre cœur et du nôtre. Ainsi pouvons-nous vivre dans la connaissance de cela qui ne peut être nommé.

Repose dans le mystère
car c'est le berceau
du divin
en chacun de nous.

Repose dans le mystère
car c'est le creuset
où vie est donnée
à notre or.

Embrasse l'inconnaissance
car c'est elle qui va dénouer
le fil
qui maintient en place
notre certitude erronée.

Embrasse l'inconnaissance
car c'est l'océan
qui retient la goutte de pluie
dans les grandes marées du mystère.

Embrasse l'inconnaissance
car c'est le tisseur
dont la toile soyeuse
nous enveloppe dans l'éternité.

Certains d'entre nous avons l'intuition
du divin
directement
et ne sommes ainsi attirés
vers aucun enseignement ou instructeur particulier.
L'immédiateté du divin est là.

Certains d'entre nous sommes attirés
vers des enseignements et des instructeurs
au degré où
nous acceptons leur capacité
à percevoir ou intuiter le mystère
et à l'interpréter pour nous.

L'univers est si généreux
qu'il nous offrira le mystère
sous la forme que nous sommes en mesure de voir.

Où se dirige maintenant le voyage de la
transformation ?

Il y aura toujours de ces âmes
qui délaissent la vie ordinaire
afin de s'élever vers Dieu.

Et il y aura toujours de ces âmes
qui sont totalement immergées dans la vie ordinaire
et ne pensent pas un instant à Dieu.

Mais le prochain stade de l'évolution
se trouve en ceux qui ne cessent
de ressentir Dieu en chaque chose
et étreignent cette vie ordinaire.

Ceux-là se trouvent dans une tension
terriblement difficile.

Cette tension conduit à la subtilité intellectuelle, à une profondeur émotionnelle et une compassion plus grandes, à une expression plus pleine de notre humanité.

La complétude croissante de notre humanité est notre divinité qui grandit.

Voilà ce qu'il se produit dans le cœur
des grandes âmes
ceux-là pénètrent dans un territoire
où ils perdent tous leurs repères

et ou bien ils en sont détruits
ou bien leur cœur se dilate
au point de pouvoir contenir cette expérience

et s'ils reviennent
les frontières du possible
ont été repoussées
pour tout le monde.

Peut-être êtes-vous en train de vivre cela ?

Mais vous lui donnez le nom de divorce, ou maladie, ou échec, ou dépression.

Si au moment de la mort
nous pouvons entrer
totalement, absolument
dans notre expérience

il est possible
que l'énergie
qui rayonne alors de notre être
soit le plus grand service
que nous ayons jamais été capable de rendre à la vie.

Il se peut qu'elle rayonne
devenue l'élixir transformant
de toute la vie, partout.

Telle est également l'essence de l'enseignement tibétain sur les étapes du Bardo au moment de la mort. Pendant un bref moment nous devenons une porte d'accès reliant le fini et l'infini, un vaste cœur dans lequel tout est réconcilié. Et c'est également ce qu'il se produit durant la réalisation lorsque l'ego est totalement soumis à la réalité plus vaste.

Se trouver sur le point
de rencontrer la mort
est réellement une initiation mystique.

La mort est l'humiliation ultime pour notre ego. Soudain nous réalisons que nous sommes bien davantage que ce que nous avons jamais autorisé.

Qu'est-ce
qui me permet
de toucher ma propre expérience
dans la foi ?

**La foi elle-même est un grand mystère ;
la relation et la connexion
sans explication rationnelle.**

Aimer le Seigneur ton Dieu
de tout ton cœur, de toute ton âme et de tout ton esprit
est une chose étonnante.

Cette relation...

élargit la pièce
les murs s'écartent et disparaissent.

Vous dites « Je me sens frustré
parce que cela ne se passe pas
comme je le voudrais », ou
« Je ne comprends pas
ce qu'il se passe en ce moment... »

Mais si vous y ajoutez cette qualité ineffable
qui est le premier commandement
vous réalisez qu'il est de toute manière insensé
de chercher à comprendre
car la vie ne peut pas être comprise.

Plus nous vivons profondément dans la vie
plus nous nous tournons vers Dieu.

Et plus nous nous tournons vers Dieu
plus nous vivons profondément dans la vie.

Quand nous nous tournons vers le mystère

le mystère
imprègne notre vie.

Personne
ne peut atteindre la paix de l'esprit
si ce n'est par un combat inouï
parce que personne
ne voudrait reposer en Dieu
s'il n'avait pas
essayé et échoué
par tous les moyens imaginables.

La foi évolue
en fonction de la somme
de nos tentatives et de nos échecs.

La foi n'est pas une technique pour se protéger de la souffrance. C'est une relation au Mystère à laquelle nous amène notre souffrance.

Il faut une immense maturité
pour rencontrer la vie
pour réellement rencontrer la vie

pour rencontrer toute la vie
et ne pas se contracter
devant la souffrance.

Et c'est cela qui nous rend rayonnant.

Dieu a été perdu
et ne cesse d'être perdu ;
il est par conséquent difficile
d'appréhender le Mystère.

Nous faisons de Dieu
un objet
et ainsi nous pouvons marcher
au nom de ce Dieu
contre ceux qui marchent
au nom d'un autre Dieu.

L'ego s'est une fois de plus
approprié le Mystère.

Dieu ne peut jamais se réduire au moindre concept. Quand Dieu est une idée, aussi subtile soit-elle, c'est de l'idolâtrie.

Dieu est toujours « perdu » quand nous imaginons pouvoir imaginer Dieu.

L'ego prend le comment
et en fait une arme
contre le vivant

ce qui ne signifie pas
que nous ne devrions jamais avoir de comment.

Dans le monde fini le comment est crucial.
Il existe une façon
de préparer un bon soufflé
Il existe une façon
de résoudre un problème mathématique.

Dans le monde fini le comment a sa place.

Mais à la minute où vous pénétrez
dans la cathédrale de vous-même
vous êtes dans l'infini.

Il n'existe aucun comment dans l'infini.

Jésus a dit cela simplement : « Rendez à César ce qui est à César et à Dieu ce qui est à Dieu. »

Ce que nous avons appris,
ce qui a été durement gagné
par la lutte,
nos enfants l'apprennent plus facilement
par leur simple présence dans la grande toile
du relié,
la grande toile de la relation.

Ce que nous avons accompli,
ce qui nous a demandé toute une vie à découvrir,
quelqu'un d'autre l'a sans rien faire.

Il l'a instantanément
sans même savoir pourquoi.

La raison en est que l'individu,
cela n'existe pas.

Pas dans un sens ultime.

Si nous voulons bien faire suffisamment silence et accepter notre propre expérience, nous pouvons chacun connaître ce que Jésus connaissait, ce que Bouddha connaissait.

Et nous pouvons nous-même donner naissance à une nouvelle possibilité pour tous les autres.

Il n'existe aucune certitude.

Si vous observez vraiment la vie de près,
vous verrez qu'il n'existe aucune certitude.

Nous avons consacré d'énormes quantités d'énergie
à créer la prévisibilité en toutes choses
et nous le payons par la dépression,
nous le payons par le cancer,
nous le payons par les produits chimiques
et les additifs alimentaires et tout le reste ;
tout cela pour être certains que ce que nous voulons
est là au moment où nous le désirons.

Et alors ce n'est pas ce que
nous désirons vraiment.

Quand finirons-nous par accepter que la seule relation possible à l'incertitude de la vie est la foi ?

Nous avons cherché à être absorbés en Dieu
et avons repoussé le monde
et c'était une erreur.

Et nous avons été
si absorbés dans le monde
que nous avons repoussé Dieu
et c'était une erreur.

Contenir les deux
au niveau où nous en sommes capables
c'est cela le chemin.

La foi s'approfondissant
chaque fois que j'ai dû vivre
quelque chose de difficile dans ma vie
et ai dit « D'accord, je vais mourir »
je ne suis pas mort et
une plus grande beauté a grandi.

Jésus a dit « Là où deux ou trois
sont assemblés
en mon nom
je serai
au milieu d'eux. »

Et ce sera comme une présence vivante
un courant très doux
quelque chose qui fond dans votre cœur
une quiétude
un bonheur subtil et serein.

Mais il vous faut poser vos valises
et le ressentir.

Quelles sont donc ces valises ? Notre besoin de sécurité, notre besoin d'avoir le contrôle, notre besoin d'approbation, notre besoin de comprendre. Ramana Maharshi utilisait cette image : « Nous nous trouvons dans un train, disait-il. Alors, pourquoi ne posons-nous pas nos valises ? »

Si nous pouvons passer par un grand nombre d'années
d'exploration profonde
et sortir de ce mode de fonctionnement
consistant à nous réparer
ou à acquérir quelque chose

et glisser dans quelque chose
qui est bien plus fondamental

révélation de soi de plus en plus grande
révélation de plus en plus grande
de notre propre Être.

Cela magnétise et génère
la capacité d'exploration
partout où nous allons.

Et sur cela
nous pouvons nous appuyer à jamais.

Il n'y a pas de fin aux stratégies de l'ego pour éviter ce qui le gêne, pour éviter de se voir. Vivre ainsi c'est bâtir votre maison sur le sable.

Il est réellement important
que nous soyons rendu humble

rendu humble parce que
nous avons été frappé
de respect

rendu humble par
notre émerveillement
devant toute la richesse de chacun d'entre nous

regarder une âme
et ressentir l'immense majesté
le mystère d'un autre être humain

voir le divin briller
au travers d'un autre être humain.

IV
L'AMOUR INCONDITIONNEL

Nous employons le mot « amour » pour exprimer de nombreuses manières de nous relier aux gens, aux choses et aux idées. Nous disons que nous aimons quelqu'un, les chevaux, le ski, la justice, la vérité et le chocolat.

Et tous ces amours-là représentent un type de relation différent.

Pour la plupart d'entre nous, l'amour inconditionnel est moins ambigu. Il exprime une manière de nous aimer nous-même ou d'aimer une autre personne sans aucune condition. Acceptation totale d'un autre être humain dans tout ce qu'il fait, dit, pense ou ressent.

Pour Richard, l'amour inconditionnel est un vaste et mystérieux potentiel présent en chacun d'entre nous ; c'est une relation inconditionnelle à l'existence tout entière.

La grande sainte chrétienne Mechtild de Magdeburg disait la même chose lorsqu'elle demanda « Comment devrai-je vivre ? » et s'entendit répondre « Vis en accueillant tout. » Cette réponse figurait l'ébauche de l'amour inconditionnel.

Quand Richard personnifie l'Existence je peux plus facilement saisir la nature complexe et paradoxale de l'amour inconditionnel.

L'Existence est tout ; à la fois partie et tout, incluant et acceptant toutes choses – cafard, aigles, êtres humains, mort, famine, musique, guerre.

L'Existence connaît de façon impersonnelle le futur comme le passé : elle connaît l'adéquacité parfaite de chaque seconde. L'Existence accepte tout, sans attachement, dans une vision tellement large que ses parties – y compris nous-même – semblent quasiment sans importance.

Le seul impératif de l'Existence est d'amener sa partie consciente, laquelle englobe les êtres humains, à la prise de conscience de sa complétude préexistante. Et ce qui a de l'importance à nos yeux n'apparaît pas comme tel à l'Existence dans son vaste mouvement vers la conscience de soi.

C'est peut-être par une acceptation inconditionnelle de chaque instant que nous, êtres humains, pouvons nous rapprocher le plus de la nature inconditionnellement aimante de l'existence, dire Oui à la vie, dire Oui à cela qui continuellement se déploie autour de nous et en nous.

Nous ne gagnons pas l'amour.

Nous parvenons à un espace
où l'amour se produit de lui-même.

L'amour inconditionnel vous regarde
et regarde les murs
le ciel, les arbres
et tout le reste de la même façon.

L'amour inconditionnel vous aime
mais il aime tout le monde de la même façon.

Ce n'est pas quelque chose que nous faisons.
C'est ce qui est déjà.

Et nous ne pouvons pas le vivre.
Il vit au travers de nous.

Notre ego s'imagine que l'amour vient nous récompenser de tous ses efforts pour être bon, pour réussir... mais l'amour nous est donné quand notre ardent besoin, notre effort, notre zèle se relâche.

Voilà ce que me semble être
l'amour inconditionnel
en cette époque
et en ce temps

ce n'est pas trouver
une croyance ou un procédé
qui vous rendra heureux
mais avoir la force
et le courage de demeurer présent
dans ce que vous vivez
de quoi qu'il s'agisse

non pas en tant que victime,
non pas en redresseur de torts,
non pas comme un évangéliste
de quelque idée, de quelque technique, de quelque foi,

mais simplement demeurer présent.

C'est la chose à laquelle vous ne pouvez pas dire Oui
qui est votre porte sur l'Univers.

Quand nous disons Non d'une manière
qui nous ferme à la vie, l'amour fait pression
sur cette résistance et nous souffrons
jusqu'au moment où nous pouvons nous ouvrir.

Chercher à nous ouvrir de force
à ressentir quelque chose de positif
qui n'est pas là de lui-même
est une cruauté.

Tout l'art consiste à apprendre à autoriser ce que nous ressentons vraiment.

Soyez simplement attentionné.
Vous ne pouvez pas sauver votre vie
alors soyez attentionné.

Vous ne pouvez pas devenir conscient
dans l'espoir que cela vous préservera
de tomber malade
alors soyez attentionné.

Vous ne pouvez pas avoir l'assurance
que l'éveil ne vous rendra pas fou
alors soyez simplement attentionné.

À la fin
quand toutes vos stratégies de salut
auront échoué
serez-vous capable de vous arrêter
dans la nudité existentielle de vous-même
blessé au-delà de ce que vous pouvez concevoir
nu, absolument nu
et de vous tendre la main pour vous relever
et accéder à votre volonté d'être

Rien... rien d'autre qu'attentionné ?

Au fur et à mesure que s'approfondit notre acceptation, la compassion s'éveille.

Si vous savez déjà que vous êtes aimé
que l'Univers est aimant
alors vous pouvez parcourir
des lieux terriblement sombres

des lieux où d'autres ne peuvent pas pénétrer
où ils sont anéantis par l'abîme.

La foi authentique va de pair avec l'abîme.

Quand l'immense présence
de l'amour inconditionnel
flamboie en vous,
vous ne dites pas
« C'est l'amour. »

Vous ne dites
rien du tout.

Parler plus tard de cette présence
est déjà une distorsion.

L'amour inconditionnel
est au-delà de tous les mots.

Quand il est là
vous n'y êtes pas.

V
LA GUÉRISON

Aujourd'hui, en cette fin de vingtième siècle, nous comprenons probablement mieux qu'à n'importe quelle époque de l'histoire connue le concept de la guérison – et c'est à peine si nous le comprenons.

Si Richard a abandonné la pratique de la médecine conventionnelle depuis de nombreuses années, son travail appartient toujours au domaine de la médecine – médecine de l'âme et de la psyché aussi bien que du corps. Cette médecine-là est destinée à guérir notre état de blessure, guérir cela qui nous coupe de l'expérience de notre propre complétude, nous empêchant de réaliser notre plein épanouissement physique, émotionnel et spirituel.

En dépit de l'étendue des connaissances et de la technologie médicales modernes, santé et maladie conservent une part de mystère qui échappe à tous nos efforts pour quantifier, expliquer et contrôler. Certaines citations suggèrent une nouvelle relation à la maladie, relation qui s'appuie sur la reconnaissance d'une profonde intelligence collective à l'œuvre en nous. Nous pouvons nous trouver dans un processus de maladie, non pas parce que nous faisons quelque chose de travers, mais parce que tel est peut-être là le meilleur moyen dont l'existence disposait pour nous amener à la complétude.

Les pages qui suivent éclairent le sujet d'un nouveau jour, offrant de précieuses indications aussi bien en regard de notre propre guérison que pour ceux qui font œuvre de thérapeute.

Quand nous fonctionnons bien
nous ne sommes pas forcément en bonne santé.

Quand nous fonctionnons mal
nous ne sommes pas forcément en mauvaise santé.

Là où nous rayonnons le plus
c'est quand nous ne pouvons dire
si nous fonctionnons
bien ou non.

Je pense que bien souvent nous fonctionnons bien et nous nous sentons bien parce que l'ego est alors trop bien protégé. Il réussit à réprimer une force de vie si vaste que nous ne souffrons pas, mais cette énergie réprimée finit par devenir un cancer ou une autre maladie. Quand nous sommes plus ouvert, cette force de vie plus profonde exige que nous ressentions et que nous grandissions. Cela peut être très inconfortable et nous allons alors peut-être en conclure à un dysfonctionnement, mais du point de vue de l'intelligence plus vaste de la vie, cet inconfort même est peut-être sain.

Personne ne se guérit lui-même
parce qu'on lui dit
qu'il a une tumeur au cerveau.

On se guérit soi-même
parce que l'on entre dans sa propre expérience
profondément et avec créativité

Dans le présent.

C'est notre intimité directe avec nous-même, et non les étiquettes que nous utilisons à notre propos, qui amène l'énergie requise pour la guérison.

Ce n'est pas en retournant en arrière
et en plongeant dans votre passé
que vous allez guérir.

C'est en investissant
totalement le présent.

Le secret
de l'autoguérison
c'est découvrir
cette partie de vous-même
qui peut être véritablement créatrice
et libre de toute entrave.
Puis l'accompagner
intensément, très, très intensément
et avec cette sorte de volonté
qu'il a fallu
à un Christ
durant quarante jours
et quarante nuits
dans le désert.

Je ne sais que faire devant le désespoir.
Et soit je suis entier dans cela, soit je ne le suis pas.
Personne n'a jamais su que faire devant le désespoir.

La prochaine fois que vous vous sentirez désespéré
sans savoir quoi faire
et qu'il est inacceptable d'être paralysé dans cela

allez juste courir jusqu'en haut d'une colline,
résolu à ne pas abandonner avant le sommet
et rapidement votre désespoir aura disparu.

Comment diable pourriez-vous vous acharner à grimper
cette colline, les poumons en feu
peut-être au bord de l'infarctus
et demeurer dans le désespoir ?

L'énergie est transférée à quelque chose d'autre.

Ou bien chantez votre désespoir.
Levez-vous et chantez
Chantez-le.

« Je suis au fond du trou
je n'ai aucune idée de ce que je vais bien pouvoir faire
et tout va mal. »

Chantez cela, de plus en plus fort
parce que faire cela
c'est célébrer la force de vie.

L'énergie vitale inemployée tend à devenir morbide. Aucun état d'âme n'existe par lui-même. C'est toujours l'expression d'un schéma de rétention de l'énergie. Changez le schéma – riez, maudissez, chantez, peignez, dansez – et l'énergie se libère. Alors, spontanément, nous tendons naturellement à nous réorganiser dans la complétude.

Je peux essayer de continuer à manipuler
ma conscience, ma perception de moi-même
de façon à me sentir bien

Ou je peux prendre le risque
d'éprouver cette atroce souffrance de l'inconnaissance
cette nudité devant l'existence.
Je peux essayer de laisser mon cœur s'ouvrir
là où je ne sais pas comment être.

Et cela est évolution.
Cela est grandir.

Chaque fois que je me suis assis en souffrance et ai cessé de m'en protéger, quelque chose est venu et m'a emporté dans un nectar d'une exquise transparence.

Nous devons d'abord apprendre à laisser partir les schémas morbides. Mais ensuite l'acceptation est le plus grand des élixirs.

À une époque où je ne savais pas si j'avais
la capacité d'équilibrer les forces auxquelles j'étais
confronté dans cette vie,

j'ai pris conscience qu'une maladie grave pourrait
constituer l'une des réponses ou adaptations possibles.

Et je savais que si mon corps développait effectivement
une maladie, un cancer ou que sais-je d'autre,
ce serait là ce que l'existence
aurait trouvé de mieux
pour intégrer l'énergie.

Ce ne serait pas un échec. La complétude n'aurait fait
que choisir ce chemin si tel était le meilleur qu'elle
pouvait trouver compte tenu des circonstances de ma
personne.

**Nous ne sommes une victime que si nous
choisissons de l'être.**

La question est
pouvons-nous nous réparer en utilisant notre ego ?

Et ma réponse à cela est Non
je ne pense pas que cela soit possible.

Cela ne passe pas très bien
auprès de ceux qui pensent
qu'avec notre esprit rationnel
nous pouvons résoudre tous les problèmes
y compris les problèmes de l'âme.

Je pense que nous devons atteindre un point
où nous ne pouvons plus grandir
par aucun des agissements de notre propre ego.

Et c'est cela que j'appelle
la blessure que l'ego ne peut pas guérir.

La vie finit par nous mettre face à
la blessure que l'ego ne peut pas guérir.

Et tant que nous persistons à essayer
de la guérir au moyen de notre ego
il n'y a pas de fin à la détresse.

Il n'y a rien à atteindre
et pourtant nous essayons, encore et encore.

Notre peur de la séparation, le vide
que nous abhorrons devient l'espace dans lequel
nous projetons la folie d'une recherche sans fin,
la notion d'un chemin.

Quelle est cette blessure que l'ego ne peut pas guérir ? Il ne peut guérir le sentiment de séparation dont il est lui-même l'auteur. Il ne peut guérir la solitude. Il ne peut guérir sa propre terreur primordiale de la non-existence.

Nous devons surmonter
la blessure de l'ego
la blessure qu'est l'ego

et le paradoxe en cela
réside dans le fait que nous la surmontons
en atteignant un lieu
où nous sommes si atrocement blessé
que l'ego ne peut guérir cela.

Aucun ego ne peut guérir cela.
Aucun intellect ne peut guérir cela.
Seule la foi guérit cela
et la foi est prodigue.

L'Esprit guérit cela
et l'Esprit est sans limite.

La foi naïve essaie de remettre notre souffrance à Dieu avant que nous y soyons totalement entré. Non pas la souffrance pour la souffrance, mais conduits par nos blessures au tréfonds de notre humanité. Dans cette peur de la souffrance une grande part de la religion et de la spiritualité New Age agit au service du déni. C'est le pouvoir rédempteur de la souffrance consciente qui conduit à une foi mature.

Pouvez-vous être blessé
par l'énergie d'autrui ?

Non, jamais par l'énergie d'un autre.

Vous êtes seulement blessé par la façon
dont vous entretenez la relation dans votre propre
conscience.

L'organisme lui-même et si profondément réprimé
par ce que nous appelons l'âge adulte,

si profondément réprimé que parfois
seule la violence pourra le libérer.

Violence du divorce
Violence de la maladie
Violence du L.S.D.
Violence du travail de Respiration Holotropique.

Nous avons parfois besoin de ces choses.

Mais nous devons être honnêtes.
Elles sont violentes.
Une hyperventilation de plusieurs heures est violente.
De longues retraites de méditation sont violentes.

Parfois
la répression est tellement immense en nous
que c'est la violence qui est appelée.

J'en suis parvenu à la conclusion
que ce que je fais dans mon travail
pourrait se produire n'importe où
si seulement nous n'avions pas à projeter
que telle ou telle personne possède une faculté spéciale
pour ce faire.

Si seulement il ne fallait pas qu'un Christ passe par là
pour que nous puissions toucher l'ourlet de sa robe.

Jean Dupont pourrait passer par là
et nous pourrions toucher l'ourlet de sa robe
et être guéri.

Vous rendez-vous compte de ce que cela pourrait
signifier si vous et moi,
si chacun d'entre nous
avait la liberté de savoir
que nous sommes une expérience religieuse.

Non pas que nous avons une expérience religieuse.
Mais que nous sommes une expérience religieuse
simplement par la qualité de notre attention.

Je soupçonne
la plupart des cadres conceptuels
qui entourent diverses formes
de travail de guérison énergétique

d'être des défenses du mental contre l'inconnu
et non une expression réaliste
des phénomènes réels qui se produisent.

Vous devez aborder ce Mystère
du mieux que vous le pouvez
en créant un cadre de référence en et par vous-même
qui ne soit pas une défense, ni une séparation.

Pour ma part, le cadre de référence est
l'expression de mon amour du Mystère
et mon amour de l'autre.

Vous ne vous mettez pas au travail
en pensant avec vanité « Je suis un guérisseur »
vous vous mettez au travail
en priant joyeusement « Je suis un serviteur. »

Et comment pourriez-vous appeler « travail »
ce que de toute façon
l'intelligence de l'Univers
ordonne.

Si ce que nous faisons
c'est fabriquer quelque chose qui sort de notre tête
il n'y aura pas beaucoup de vie là-dedans.

Mais si
nous vivions dans le souvenir de l'intelligence profonde
qui nous habite et cherchions comment nous révéler à
nous-même cette intelligence intime ?

La relation la plus profonde possible
que je peux avoir avec vous
que ce soit dans les mots ou dans le silence
est une relation sans aucune intention
sans aucun désir de vous faire quoi que ce soit
sans aucune compréhension de ce qui pourrait être
invoqué ici.

Voyez-vous, je ne sais pas de quoi vous avez besoin.
Je ne sais pas ce qu'il faut faire.
Je suis juste assis là.

Et ce sera ou bien une catastrophe
un instant de débâcle
ou bien une révélation.

Si vous en faites autant
et rendez cela sacré
là est la porte à une relation des plus profondes.

La technique thérapeutique ultime
consiste à célébrer la présence de Dieu
en la personne de l'autre.

VI
LA CONSCIENCE CORPORELLE

Faites une pause et voyez où vous vivez dans votre corps. Selon toute probabilité, c'est dans votre tête, en un point situé entre vos sourcils.

C'est là que nous vivons pour la plupart d'entre nous, la plupart du temps. Nous n'habitons guère le reste de notre corps, sauf quand un certain point nous fait mal ou nous donne du plaisir. C'est bien cela, non ?

Maintenant, posez votre main sur votre ventre, juste au-dessous du nombril, et concentrez toute votre attention sur ce point. Frottez votre ventre, en faisant de petits cercles. Que sont devenues vos pensées tandis que vous vous concentriez sur votre corps ? Faites un effort délibéré pour vous tracasser pendant que votre attention est fixée sur votre ventre. La chose est impossible, n'est-ce pas ?

Certains des moments les plus exquis, les plus extatiques de notre vie se produisent lorsque nous sortons de notre tête et entrons dans nos cellules, dans le mouvement, dans la sensation et la subtilité de notre corps.

Le mouvement, le chant, certains types de méditation, la prière, l'exercice et le maintien de l'attention sur le souffle sont des activités qui peuvent toutes nous aider à éprouver une plus grande conscience de notre corps. Parfois, il arrive même que nous allions au-delà de la conscience du *corps et entrions dans la conscience* en tant que *corps. Il s'agit là d'un état de conscience intégré que nous n'avons déjà connu, peut-être, que durant notre petite enfance – encore qu'il ne nous était alors pas donné d'être conscient de notre conscience.*

Dès que
vous perdez votre corps
que vous n'êtes pas ici
vous n'avez aucune référence
vous permettant de distinguer les choses.

Les fleurs
et le soleil levant
sont grandioses
quand vous êtes vraiment ici
à l'intérieur de vous-même.

Mais quand vous n'êtes pas absolument ici
à l'intérieur de vous-même
vous n'y voyez
rien de grandiose.

Où réside votre attention ?
Si ce n'est pas dans votre corps,
vous n'aurez aucune référence
à quoi que ce soit d'énergétique.
L'attention doit être dans votre corps.

Tout ce qui compte se trouve dans votre corps.
La peur, la joie, l'amour.
Tout.

Pourquoi se donner la peine de pratiquer
un travail de conscience corporelle ?

Trouvez-vous si important d'être souple ? Trouvez-vous si important de pouvoir vous plier en deux ou faire étalage de vos prouesses parce que vos postures sont meilleures que celles de vos amis ?

Si tel est le cas, pourquoi perdre votre temps ici ?

Comment pouvez-vous connaître la foi si vous n'êtes pas présent dans tout votre organisme ? Si vous vous dissociez en vivant dans vos pensées, comment pourriez-vous être profondément réceptif à ce que vous ressentez ?

Entrer dans notre ressenti profond, entrer dans notre sensualité et découvrir une relation profondément nouvelle à la sensualité – voilà ce qu'est le travail corporel.

Quand vous avez écouté
et êtes entré profondément dans votre corps
et que vous vous asseyez
vous faites silence et vous pouvez entendre.

Et la qualité de toutes nos relations
découle de la profondeur de notre écoute.

Le corps n'a pas tant changé que cela.
C'est là le point le plus fondamental.
Il se rapproche de la vérité.

Et ces choses qui changent le plus facilement
– attitudes, croyances, pensées, sentiments –
sont un peu plus éloignées de la vérité.

Quand nous sommes témoin du mystère,
de la restructuration cellulaire
ou de la transformation radicale du cœur de l'individu,
nous nous trouvons alors dans un territoire
où nous ne pouvons que nous émerveiller
et tomber à genoux.

Et nous ne pouvons que commencer à poser
des questions tout à fait nouvelles.

Revenez
dans le ressenti de votre organisme.
Respirez.

Quand vous perdez conscience
de votre respiration,
plus rien
ne vous ancre en vous-même.

Restez dans la conscience délicate
de votre souffle.

Laissez la conscience et le souffle
devenir des amis.

Ressentez l'amitié dans votre corps.

La respiration est cruciale !
Chacun de vos souffles
sera pour vous comme une ancre.

Partant du centre de votre respiration
votre attention va s'élargir
encore et encore toujours davantage.

Quand vous avez dansé et chanté
quand la vie vous a vécu
physiquement, profondément,
lorsque vous touchez quelqu'un
c'est électrique.

Et ce que nous voyons alors
c'est que nous nous trouvons en présence de Dieu.

Pensons-nous vraiment
que ce que nous sommes censés faire
c'est utiliser notre pensée
pour nous extraire de notre ressenti
et de notre corps ?

La conscience
c'est s'incarner
de plus en plus profondément dans le ressenti.
Dans une relation vivante
avec le Soi Infini.

Cette drogue que constituent nos pensées
notre besoin de penser

sera directement proportionnel

au degré auquel
le corps lui-même n'est pas autorisé

au degré auquel
le corps est rejeté ou nié.

Ceux qui sont tellement tournés vers l'extérieur
qu'ils ne peuvent demeurer en eux-mêmes
ont en général
toutes sortes d'allergies.

Leur pauvre corps essaie
de les ramener à la maison.

Nous avons tous la capacité de voir
et de comprendre une chose
avant de la connaître vraiment
dans notre corps

et nous savons tous des choses
dans notre propre être
et notre propre corps
qu'il nous est très difficile
d'essayer d'exprimer.

Un être humain est constitué de billions de cellules, qui de quelque façon expriment toutes une seule relation – Toi ou Moi. L'intelligence d'une telle symphonie de relation est incompréhensible.

Ce que nous pouvons facilement décrire, manipuler, changer (ou utiliser pour faire de l'argent) est toujours plus éloigné de ce qui est au centre de nous-même. Et cela qui vit au centre de nous-même est le mystère, qu'il est si difficile de laisser s'exprimer.

Quand le sujet et l'objet
se rapprochent,
quand je suis absorbé dans ce que je fais,
j'ai accès à une immense énergie.

Quand skier me skie,
j'accède à une immense énergie ;
quand la danse me danse,
j'accède à une immense énergie ;
quand le chant chante le chanteur,
une énergie irradie de ce chant,
qui peut tirer les larmes de tout un public.

Depuis des années maintenant,
mon travail consiste à créer des expériences
de ce corps plus vaste.

Vous devez faire vous-même le voyage.

Vous devez méditer,
éveiller les énergies du corps.

Le yoga le réveillera
l'exercice, le jogging, danser, faire l'amour.
L'adoration et la prière le réveilleront.
La hutte de sudation le réveillera.

Marcher dans la nature le réveillera.
Rester assis en silence le réveillera.

**Et tout ce qui réveille, quand on le transforme
et que cela devient « le chemin », « la voie »,
« la vérité », ou bien une routine ou une formule,
nous engourdira une fois de plus.**

La félicité
est toujours le résultat d'une non-incarnation.

Et le stress
est toujours le résultat
de l'incarnation.

Le mouvement vers l'incarnation est stressant
le mouvement hors de l'incarnation est bienheureux.

Si vous n'êtes pas dans votre corps
vous n'êtes pas véritablement autonome.

Mais si vous pouvez trouver un espace
où vous pouvez maintenir la tension
là est votre incarnation.

Plus vous êtes souple, vivant et pourtant ordinaire,
plus vous pouvez participer à l'énergie universelle
sans être arraché
hors de votre corps
hors de votre esprit.

Quand le corps devient si détendu
et l'océan de la respiration si spacieux
que l'océan de la conscience de soi
se dissout dans l'océan de la félicité
il s'agit là d'une fuite dans la félicité.

Et nous adorons tous fuir dans la félicité.

Le problème
c'est qu'alors
il n'y a plus personne à la maison.

Mais l'un des endroits où nous pouvons le plus grandir
se trouve sur cette frange où se rencontrent
les océans de la conscience et du subconscient.

Cet océan de félicité
est un seuil donnant accès à un vaste, très vaste monde
bien plus grand
que l'océan de la conscience de soi.
Mais quand vous pouvez demeurer là où
les deux se touchent délicatement
il y a là une qualité
une qualité qui habite la respiration
et ce n'est plus une fuite dans la félicité
mais c'est être habité par la félicité.

VII
L'ALCHIMIE DE LA RELATION

Le mot « alchimie » remonte à l'Antiquité. Venu de Grèce, il est passé par Rome avant d'apparaître dans l'anglais médiéval, et appartient depuis lors à notre langue.
Un alchimiste était un érudit dont la vie était consacrée à découvrir l' alkaest, *une substance présumée agir comme un dissolvant universel sur les métaux vils afin de les transformer en or.*
Dans le travail de Richard, le mot alchimie *évoque le pouvoir intrinsèque de notre faculté de relation, de créer en nous une transformation subtile. La relation consciente agit comme un dissolvant sur les barrières présentes dans la psyché, ces barrières qui nous empêchent de réaliser l'or véritable de notre potentiel humain.*
Employé ici au sens large, le mot « relation » n'est pas limité à la seule relation amoureuse, mais s'étend à notre relation avec nous-même, avec la vie, avec les autres êtres, avec le mystère et avec Dieu.

Pouvez-vous ressentir cet endroit en vous
qui n'a cessé de demander approbation
acceptation et amour

précisément parce que

vous ne les avez pas trouvés en vous-même.

Quand votre amour de vous-même est profond
plus rien ne va chercher à l'extérieur
pour l'obtenir de quelqu'un d'autre.

Quand vous pouvez dire à propos de votre mère
je n'ai pas besoin qu'elle me comprenne
je n'ai pas besoin qu'elle m'accepte
je n'ai pas besoin d'être en sécurité.
Maintenant cela se passe entre moi et Dieu.
Ce qui grandit entre moi et ma mère
grandit en réalité entre moi et Dieu
moi et mon essence
moi et mon âme.

Ici, vous aimer vous-même n'est pas du narcissisme ni un investissement en soi égotique n'ayant pour seul fondement qu'une peur inconsciente du néant. L'amour de soi véritable est une transformation radicale à la racine de notre identité, c'est passer de la peur de l'ego de n'être rien, au sens foncier de connexion du soi. Tout ce livre est une description de cette transformation.

Quand l'opinion que quelqu'un a de vous
vous arrache
d'un sentiment de connexion à vous-même

c'est de la souffrance.

Mais quand l'opinion que quelqu'un a de vous
vous nie
mais ne vous
arrache pas de vous-même

c'est de la douleur.

Et la douleur, nous pouvons la supporter.
Beaucoup de douleur.

Le problème, ce n'est pas la douleur.
C'est finir par s'ancrer en nous-même
et ne pas nous perdre.

Ne pas avoir peur
de vivre notre propre expérience
et finir par nous dresser en elle
et nous y tenir pleinement.

Les enfants qui se sentent profondément en sécurité
dans leur corps
sont ceux qui pourront
abandonner leur ego
et fusionner avec la conscience plus vaste
s'unir à la force d'évolution
bien plus facilement
que les enfants qui se sentent
atrocement blessés et abandonnés
au tréfonds de leur corps.

Le meilleur investissement
que nous puissions faire
en tant que société
réside dans notre conscience
et si nous pouvons élever des enfants plus sains
l'effet cumulé
de quelques générations d'enfants profondément aimés
donnera naissance à un monde méconnaissable.

Nous sommes appelés l'un vers l'autre
par un profond
chant de reconnaissance
intérieur.

Nous ressentons mutuellement
le rayonnement de notre vivant.

La porte de l'âme
sur l'intemporel
qui a été ouverte.

Vous posez parfois une question
comme si vous vouliez vraiment trouver l'intimité
mais la manière dont vous posez la question
garantit que vous n'y parviendrez pas.

Qui pose la question ?

Votre question prend-elle racine dans vos désirs inconscients – désir d'être approuvé, désir de contrôler, désir de comprendre, désir de sécurité ?

Si d'instant en instant vous pouvez ressentir et laisser partir ces désirs, l'espace qui demeure est le lieu de l'intimité.

Le bonheur
est le fruit d’une maturité spirituelle
durement acquise.

Si un individu est dépourvu de fierté
s'il n'a pas une profonde, très profonde estime de soi
et celles-ci vont de pair
il ne va pas essayer
d'être la démonstration vivante
de la magnificence de notre monde.

Ce sera un mou, un tiède,
quelqu'un qui ne sait ni se concentrer ni se déterminer.

Vous ne pouvez rien faire
qui mérite d'être fait
sans la fierté.

Et la frontière est infime
entre la fierté et l'arrogance.

Éviter la relation c'est éviter la douleur.

Les frontières de notre moi deviennent
la dose de souffrance que nous pouvons tolérer
ou la dose de ressenti que nous pouvons accepter
avant que cela ne devienne souffrance.

Cela fait partie de la prière que nous sommes.

Comment savoir si nous vivons de façon juste ?

Et si nous n'avions jamais fait fausse route ?
Si notre chagrin, notre douleur
notre rage et notre peur
notre manque de confiance
n'étaient que le battement de cœur
que nous n'avons jamais appris à écouter
ou le souffle que nous n'avons pas observé.

Explorer tout cela
le fouiller avec minutie
voilà ce qu'est, pour moi, être responsable.

Faites silence et demandez-vous : Comment est-ce que j'évite la relation avec moi-même ? Comment est-ce que j'évite la relation avec les autres ? Puis remontez dans chaque réponse jusqu'au sentiment sous-jacent dont vous vous protégez. Ce que vous ne vous autorisez pas à ressentir et à laisser partir devient la limite de votre réalité.

Si une personne a un centre
celui-ci deviendra le centre de chacun
et la peur de l'inconnu
ne l'arrachera pas à elle-même.

Toute expansion de conscience,
toute spiritualité, doit s'appuyer
sur la scène humaine,
sur notre capacité à vivre
toucher, communiquer
et partager ensemble.

Le vrai guru est l'énergie de notre réunion.

Si quelqu'un peut me laisser être moi
et s'autoriser à être lui,
alors vient une présence.

Et cette présence nous anime,
cette présence nous transforme en nous-même
change notre vision de la vie
et notre ressenti dans la vie.

Et cette présence est le maître.

Ultimement
l'intelligence est la foi.

La seule relation réellement intelligente
avec quiconque y compris nous-même
est une confiance profonde et absolue
dans la vastitude que nous sommes.

Quand nous jugeons
nous nous délimitons.

Il faut une immense maturité pour rencontrer la vie
rencontrer la vie tout entière
sans penser avoir failli,
boire notre propre coupe de Gethsémané
sans penser avoir failli.

Et c'est cela qui nous rend rayonnant.

Non que nous cherchions par là à souffrir.
Non que nous cherchions à connaître la douleur.
La coupe la plus difficile à boire
est quand nous ne savons pas
si nous sommes dans l'autodestruction
ou si nous sommes simplement dans la vie.

C'est sur cette sorte de territoire
que nous voguons à l'heure actuelle
en tant qu'individus et en tant que collectivité.

Nous ne savons pas si
nous allons vers l'extermination
et l'anéantissement ou vers
quelque autre transcendant.

Pour moi, nous allons
vers une étreinte de plus en plus profonde de la vie
vers une acceptation de la partie quotidienne de la vie
et une exaltation de cela que nous avons cherché
à exclure durant les premières phases de notre
développement.

Nous voulons être des lumières qui rayonnent le bonheur
mais nous sommes des lumières qui rayonnent
tout ce qui est.

Si nous n'étions pas des lumières
qui rayonnent tout ce qui est
ce serait là un bien petit univers
un univers miteux
parce qu'il est impossible qu'il nous ait
donné la faculté de la conscience
puis déclaré qu'il s'agirait seulement
du pôle positif et agréable
de la conscience.

Vous savez, j'essaie de voir en moi-même
comment j'ai peu à peu appris au fil du temps
à ne pas m'enfuir de ce que je vivais
de cette habitude de m'identifier à ma propre expérience.

Par exemple
« Oh ! voilà une douleur », je vais changer de position.
« Oh ! cela me rend triste »
je ferais mieux de faire autre chose,
ou bien, cela vient de ce que Untel ou Untel
m'a dit telle ou telle chose.

Et nous sommes alors persuadé
que nous avons expliqué
pourquoi nous avons vécu
ce que nous avons vécu.

Mais ce n'est là qu'une explication parmi d'autres
et cette explication de la sensation ou du sentiment
que nous qualifions de raisonnable ou rationnelle
n'est pas la seule
et bien souvent ce n'est pas la meilleure.

Car c'est d'ordinaire une explication d'où Dieu est absent
c'est d'ordinaire l'explication de notre ego
qui croit être Dieu
qui vit dans un monde clos
et pense que tout tourne autour de lui.

Nous entrons dans une relation pour grandir, pour changer, pour guérir, pour transformer, pour être élevé, pour comprendre
et ce sont là de bonnes choses.

Mais cette intention même nous délimite
et nous nous trouvons là sur un terrain bien connu.

Nous n'avons cessé de vouloir grandir et comprendre
de vouloir changer et transformer
de vouloir nous guérir et guérir les autres
de vouloir servir.

Nous avons fait toutes ces choses
et nous continuerons de faire toutes ces choses.

Mais maintenant en cet instant précis
célébrons simplement Dieu.

Rien de plus, rien de moins.
Juste célébrer Dieu.

Quand nous devenons vulnérable devant un ressenti dont nous ne savons que faire, c'est là que nous posons des questions profondes sur notre vie.

Et la beauté de cela, c'est que quand vous posez ces questions ici par une chaude nuit d'été, il y a quelqu'un ailleurs de bien réveillé par une froide journée d'hiver.

Ainsi l'état de fermeture de certains d'entre nous
en un lieu de la planète, mus par leur ego
durant le jour, est compensé
par la vulnérabilité de certains autres
en un autre lieu de la planète durant la nuit.

Nous ne vivons pas ces choses dans notre coin.

Et ce que nous faisons pour cesser de nous défendre
du ressenti et de la vulnérabilité donne à chacun,
partout, l'opportunité de vivre la vie
avec un peu plus d'authenticité
et un peu plus de mystère.

Nous ne pouvons pas continuer à vivre dans cette
petitesse isolée,
à nous protéger, à chercher à nous comprendre et à
vouloir nous connaître de cette très petite manière
qui ne nous conduit pas à Dieu
qui ne nous conduit pas dans le mystère
et l'émerveillement de nous-même
dans la terreur de nous-même.

Et sans cela notre vie est plutôt superficielle.

Si nous comprenions véritablement
où l'Infini commence,
et que la seule relation possible
à l'Infini est la foi,

nous poserions nos valises.

Nous poserions nos valises
pour la vie telle qu'elle est.

La reddition qui nous est accessible dès maintenant
ne s'atteint pas par la connaissance
de ce que nous faisons,
mais précisément parce que nous ne savons pas
ce que nous faisons tout en agissant pourtant.

Nous agissons avec une vulnérabilité grandissante,
une inconnaissance grandissante,
une incertitude grandissante,
et il est vraiment rare que quelqu'un
atteigne le point
où il sait
que rien dans notre relation
n'est aussi fondamentalement réel
que le fait que je suis Dieu
et que tu es Dieu.

Et le niveau de maturité
requis pour cela
est gigantesque.

Nous faisons partie de ce réseau de conscience
un et continu
et chaque fois que nous faisons un nouveau pas
vers l'intégrité
et que nous n'avons pas peur de faire face au ressenti
cela devient un peu plus facile pour tout le monde.

Chaque fois que nous devenons
un peu plus authentique en nous-même
il est plus facile à chacun d'être plus authentique.

La relation à soi
est étonnamment différente
selon que l'on a un Dieu
aimant ou en colère.

VIII
L'ÉVEIL DE L'ÂME

Parler d'Éveil de l'Âme implique que l'âme est endormie. Ce n'est pas notre âme qui est endormie, mais la conscience que nous en avons dans notre vie. La vie nous convie à nous éveiller à notre vraie nature.

Une anecdote raconte l'histoire d'un disciple zen qui va voir son maître et lui demande de lui donner un niveau d'être plus élevé. Il veut devenir éveillé.

– Pourquoi ne demandes-tu pas un cheval ? interroge le maître.

– Mais j'ai un cheval ! réplique le disciple.

Le maître reste silencieux.

Comment nous éveiller à ce que nous sommes déjà ?

Quand vous vous engagez,
que vous dites vraiment Oui à la vérité
quand vous répondez à l'appel
tout ce qui n'est pas en harmonie
avec l'intelligence profonde
s'en va au diable.

Partout où vous vous mentez à vous-même
partout où vous avez fait des compromis
cela vous sera présenté dans l'année.

Impitoyablement. Absolument impitoyablement.

Ce à quoi nous consacrons notre personne
va refaçonner nos circuits
va refaçonner nos relations
et peut-être même entièrement refaçonner les
circonstances de notre vie.

La même intelligence
qui guide et maintient cet univers réuni
fait surface dans notre vie
et ne nous laissera pas nous mentir à nous-même.

Pour devenir entier il nous faut faire de la place pour ce que nous avons fui, rejeté ou nié. En psychologie, ces aspects refoulés sont appelés « l'ombre », mais ce terme est profondément mécompris. L'ombre , ce n'est pas seulement les traits de caractère négatifs, cela inclut aussi des potentiels d'être complets, des dimensions entières de perception, de conscience, d'énergie et de forces de vie qui doivent être refoulés durant l'enfance pour créer l'ego limité sur lequel s'appuie notre sens d'un moi séparé...

La beauté de l'énergie qui s'éveille
est qu'elle nous humilie.

Vous ne devenez pas plus vaste et plus grand
selon votre gré,
vous vous éveillez et vous êtes consumé
vous êtes rendu humble
vous êtes terrorisé
vous tremblez dans votre lit la nuit.

Avez-vous remarqué cette immense tristesse
ce sentiment brûlant profond, très profond
dans le cœur, cette sorte d'accablement
qui est là jour après jour
sans aucune raison apparente ?

Non que le bonheur ne soit pas possible un jour
mais nous ne comprenons pas cette affliction
cette agonie de l'ancien moi.

Il y a quelque chose dans le deuil
qui accroît notre capacité à être
conducteur de vie.

Les Soufis appellent cela
le « Cœur brisé de Dieu. »

... Et nous n'intégrons pas ces dimensions refoulées simplement en imaginant que nous pouvons les ajouter à notre sens actuel de nous-même. Nous sommes appelé à des sensations, des sentiments, des énergies que nous ne pouvons pas comprendre. Peut-être allons-nous penser que nous sommes en train de mourir ou de devenir fou, mais ce n'est là que l'interprétation de l'ego. Autoriser profondément ce processus nous fait nous dresser plus entier et plus authentique que jamais. Bienvenue dans la transformation.

Ceux qui parlent d'un éveil véritable parlent d'une
prise de conscience soudaine, complète et totale.

Ce n'est jamais progressif, disent-ils.
C'est un changement complet et total du cœur
un changement de l'être, un changement de l'esprit
une transformation foncière
radicale et profonde.

Et je dis Oui, absolument, c'est vrai.
Instantanément, « en un instant, en un clin d'œil. »

Mais cet éveil-là
reste mort-né, inexprimé et n'a aucun sens
tant qu'il n'est pas devenu relation.

L'éveil dans le monde est un processus de maturation
un processus de mûrissement
vous vous engagez et vivez
écoutez, recevez
êtes transformé et changé
par la relation avec l'autre.

Être incarné n'est ni un accident, ni une erreur. L'éveil n'est pas une fuite des limitations du corps, mais une reconnaissance et une acceptation toujours plus profondes de notre humanité.

Nous devenons rayonnant
quand nous nous tenons dans cet espace central
dans le triangle
moi
mon prochain
et Dieu.

Nous sommes moins rayonnant
quand nous oublions Dieu
et sommes seulement en relation avec nous-même.

Nous sommes moins rayonnant
quand nous nous oublions
et sommes seulement en relation avec l'autre.

Et nous sommes moins rayonnant
quand nous oublions l'autre
et sommes seulement en relation avec Dieu.

Quand nous nous « rappelons » nous-même
il n'existe aucune distinction entre moi,
l'autre et Dieu.

L'éveil
n'est pas un événement individuel.

Chacun d'entre nous
est une pièce de cette entité qui s'éveille.

S'éveiller n'est pas un cadeau personnel, ce n'est pas une récompense personnelle pour nos efforts spirituels. S'éveiller nous oblige à honorer encore davantage tous les autres et tout le reste. Là est la joie de l'éveil.

Aucun état d'éveil n'est fini.
Il y a toujours une infinitude
qui joue là quelque part
et pourrait emmener l'éveillé
n'importe où.

Tout ce qui inconsciemment nous séduit
pour créer l'identité personnelle
est à l'antithèse
d'un éveil à cette énergie plus vaste
et nous apporte inéluctablement la souffrance.

D'un autre côté
si nous n'avons pas un ego bien défini
il nous est impossible d'entretenir
une coopération et une co-création significatives
avec cette énergie plus vaste.

Nous sommes juste balloté par sa brise.

Une définition saine de l'ego provient d'un engagement actif et responsable dans la vie. Et cela signifie vivre pleinement notre carrière, notre rôle et toutes nos responsabilités quotidiennes. Mais quand nous commençons à prendre pour notre vraie nature les identités que nous attribuons à notre métier ou aussi bien à une idée, un sentiment ou une humeur, nous avons perdu le contact avec notre Soi et ne pouvons plus puiser de l'énergie dans cet univers plus vaste dont nous sommes une partie relative.

Nous inclinons la tête
et nous détournons de la vie
et nous disons
Oh ! là, cela me mène
là où je ne veux pas aller.

Nous ne pouvons pas réellement voir ce qui peut venir
si nous nous engageons comme jamais auparavant
dans quelque chose de nouveau.

Le mental dit
Ne fais pas ça.
Va par là.
Là tu peux avoir ce que tu peux comprendre.

Mais souvent quelque chose de plus profond nous
conduit

quelque chose de plus profond
dont nous ne pouvons pas prévoir le fruit.

Nous avons cette idée insensée que
la vie est censée nous récompenser
et nous rendre heureux.

Les relations sont censées nous rendre heureux.
La famille est censée nous rendre heureux.
La thérapie est censée nous rendre heureux.
Notre travail spirituel – ça, c'est le summum.

Mais s'il n'en était pas ainsi ?
Et si l'Univers nous avait créés
pour se rendre heureux, lui ?

Le bonheur est là quand nous sommes une partie de la Vie, une partie de l'Univers. Nous n'existons pas en tant qu'entités séparées absolues. Essayer de rendre heureux ce qui n'existe pas est futile.

Si nous parvenons à un profond regard sur la vie
et sur nous-même
nous nous retrouvons parfois
profondément honteux.

Je ne parle pas d'un simple
jugement ou esprit critique virulent.
J'entends par là que nous percevons
à propos de nous-même quelque chose
qui est une blessure si profonde
que nous en tombons à genoux.

Que nous faudra-t-il pour réaliser
le privilège d'enfin reconnaître
ce qui est appelé notre vie
et pour nous y soumettre ?

L'Éveilleur ?

Vous et moi
sommes les éveilleurs
l'un de l'autre.

Ceux qui sont porteurs d'immenses énergies·
stimulent l'impulsion éveillante
chez ceux qui pénètrent dans leur rayonnement.

S'éveiller est un processus
d'infini potentiel
et de grande ambiguïté,
de mort et de renaissance,
de rencontre avec nous-même
dans tout le chaos de l'être.

Les problèmes
qui habitent notre conscience
problèmes de notre capacité à l'intimité
sont en fait les vers
qui rongent notre ego, exposant douloureusement
l'illusion de la séparation.

J'ai eu une expérience directe
de fusion avec tout
d'être un avec tout
pour autant que je puisse en parler
d'être un avec l'Existence.

Je puis dire en vérité
que je connais l'état
où moi et le Père sont Un.
Pas de façon conceptuelle.
Dans mes cellules.

Et vous voulez que je vous dise ?
La belle affaire !

Cela m'a changé physiquement.
Cela m'a changé psychiquement.
Il y a eu la kundalini
et il y a eu ceci
et il y a eu cela.

Mais cela ne m'a pas préparé à aimer.
Cela ne m'a pas préparé au divorce.
Cela ne m'a pas préparé aux enfants.
Cela ne m'a pas préparé aux travaux ménagers.

Le véritable émerveillement de la vie, c'est être simplement humain.

Je ne crois pas beaucoup au channeling
sauf en tant que processus de développement naturel
nous aidant à ne pas mélanger ce qui est en haut et ce
qui est en bas

parce que l'en-haut est terrassant
et humiliant pour l'en-bas.

Et l'en-bas est humilié
et en un certain sens
dédaigné par l'en-haut.

Moyennant quoi nous nous dissocions.
Et d'immenses et puissantes énergies
et vérités viennent de l'en-haut
tandis que l'homme ordinaire
vit les lois de l'en-bas.

Réunissez-les. N'allez pas si haut.
Amenez un peu plus de conscience universelle
dans l'en-bas, dans le quotidien, l'ordinaire
le processus humain terrestre.

Refusons de nous dissocier. Refusons d'être divisé
contre nous-même, même si nous le sommes déjà et là
est la tension qui pour moi constitue le voyage de la
transformation.

Nous sommes déjà divisé parce que nous voulons Dieu,
mais sans savoir que faire de notre humanité.

Si nous sommes véritablement dans un état nirvanique
nous n'évoluons plus,
il nous faut donc nous ressalir les mains
redescendre dans le bourbier de la vie
et nous engager
dans une nouvelle dimension de complexité.

Le nirvana fonctionne tant
qu'une grande somme de vie est exclue.
Dès que l'on prend un peu plus de vie
on ne peut pas être dans le Nirvana.

Si toutefois vous avez connu le Nirvana
vous ferez entrer davantage de vie avec confiance
vous ne direz plus Non à davantage de cette complexité.

Rien de ce que nous faisons
dans cet état de conscience
que nous appelons être un être humain

ne peut nous assurer, ne peut nous garantir
de la survenue de la Réalisation ou de l'Éveil.

Il nous faut être rendu humble dans cette vérité
et vivre avec cette blessure
de ne pas pouvoir y parvenir
par nos propres efforts

et...

tout est possible en Dieu.

La transformation fondamentale est la manifestation de la Grâce et ne peut pas être atteinte par des efforts dirigés par l'ego ; car l'ego lui-même, dans le sens d'un personnage souverain existant par lui-même, est l'illusion de base que nous devons détendre. Mais il ne faut pas entendre par cela que le travail sur soi est un effort perdu. Une pratique spirituelle bien menée nous prépare à porter au maximum cette grâce si elle doit venir et elle enrichit profondément notre humanité.

Quand vous regardez autour de vous
dans l'univers, vous pourriez dire
Si cet univers n'est pas aimant,
s'il n'y a pas d'intégrité dans cet univers,
alors bien sûr je ferais mieux de contrôler les choses,
je ferais mieux de m'améliorer, de prendre la bonne direction.

Mais si cet univers est vraiment aimant,
ce que je vais faire c'est ressentir ma douleur,
je vais sincèrement voir ma malhonnêteté,
je vais reconnaître mon refus
d'intimité dans la relation.

Je serai là.

Et maintenant je suis devant cette vastitude
et je ne sais pas comment
me tenir dans la sensation ;
donc j'ai recours aux schémas habituels pour endormir
et engourdir
Mais non, je ne le ferai pas, je ne le ferai pas.

Cette saveur de Dieu ne m'a pas été donnée
pour que je me sente bien ;
cet amour ne m'a pas été donné
pour me rendre heureux ou me sécuriser
cela m'a été donné pour m'aider à me montrer
comme dans un miroir
ce que je suis et ce qui est.

Et je ne veux pas être sous sédatif.

Si cette relation prend fin,
ce ne sera pas parce que je me ferme à ce que je ressens
ou m'en dissocie.

Si nous ne cessons d'apprendre de notre vie,
nous commençons à voir
que nous pouvons nous permettre d'avoir la foi.

Cela ne demande pas tant d'efforts que cela.
Il nous faut nous rappeler
qui nous sommes réellement
et sans cesse nous demander :

Est-ce que je me souviens de moi-même
parce que j'ai vraiment peur
et que je veux être le bon élève ?

Ou bien est-ce que je me rappelle
parce que l'univers m'a instruit
de sa magnificence
et que je sais que j'en fais partie ?

C'est le fil du rasoir.

Le voyage de ıa foi prend place
parce que nous avons rencontré
en nous des états de ressenti
dont nous pensions qu'ils allaient nous anéantir
mais nous ne sommes pas anéanti
nous sommes transformé.

Nous reconnaissons l'intelligence
de ce quelque chose en nous
qui nous raconte notre histoire
avec une honnêteté sans merci.

Cela va nous dire ce que nous ne voulons pas voir
si c'est cela que nous avons besoin de voir
et cela nous dira que nous ne savons pas voir
quand sera venu pour nous le moment de le voir.

Dans le voyage de l'âme
le vide, le néant
que nous rencontrons
n'est pas réellement un néant.

C'est juste l'absence de l'ancienne intensité
et votre âme ne croit pas encore
que vous allez y semer des graines.

Mais quand elle en sera convaincue
des choses vont pousser dans ce terrain
que vous appelez néant.

Des choses vont croître là
qui ne peuvent croître nulle part ailleurs.

Voyez-vous, dans ce néant
notre relation commence à prendre place
dans le domaine de la foi
et la foi est une chose extrêmement subtile.

La foi réelle est une chose durement acquise
en laissant de côté la contraction de défense
et l'accoutumance à l'intensité
et en attendant totalement nu...

Quand vous dissolvez cette contraction,
le fondement d'une relation autodestructrice à la vie
disparaît tout simplement.

Si nous pouvons utiliser l'intelligence
de cette énergie qui s'éveille
pour parvenir à la racine de notre souffrance
alors nous pouvons aussi l'utiliser pour rencontrer
les tempétueuses énigmes des relations interpersonnelles.

**De quoi avons-nous réellement peur
dans nos relations ? Du ressenti.
Ce que nous ne voulons pas ressentir ou
croyons être incapable de ressentir
définit les limites de notre disposition
à nous montrer honnête, à dire notre
vérité sans rancœur, à avoir le cœur
ouvert et à être aimant. Mais qui a peur ?
Qui est ce personnage spécial,
ce personnage séparé, ce personnage
important ? Les relations sont de
grands miroirs.**

Vous devez faire ce qui vous a été donné
ce qui est votre destinée.

Personne ne peut vous dire que faire
et comment le faire.

SOURCES

Cassettes audio
Journey of Unknowing (1984)
Radiant Aliveness (1984)
The Yoga of the New (1985)
The Wound of Grace (1988)
Bringing it all back home (1993)
Integration (1993)
Meditation (1993)

Enregistrements de séminaires (cassettes audio)
Foundational Conference, Lone Pine, Californie, 1989
Next Step Two, Bend, Oregon, 1990
Melbourne, Australie, 1992, 1993, 1994, 1995

Enregistrements de conférences (cassettes audio)
Sydney, Australie, 1992, 1993
Melbourne, Australie

Conférences programme Mentor (cassettes audio)
Mentor IV, U.S.A., 1994-1996

Livres
The I That is We (Paru en français aux éditions du Souffle d'Or sous le titre *Unifier*, puis *Ce Je qui est Nous*)
How Shall I Live
The Black Butterfly (Paru en français aux éditions du Souffle d'Or sous le titre *Le Papillon Noir*)
The Second Miracle (Paru en français aux éditions du Souffle d'Or sous le titre *Le Deuxième Miracle*)

Collection Le Relié Poche

Amar Yvan, *La pensée comme voie d'éveil*
Balsekar Ramesh S., *Les Orients de l'être*
Baret Eric, *Le yoga tantrique du Cachemire*
Bouchart d'Orval Jean,
Patanjali et les yogas sûtras
Buisset Ariane, *Le maître de la laque*
Cohen Andrew, *L'éveil est un secret*
Collectif auteurs, *L'art de méditer et d'agir*
De Souzenelle Annick,
Pour une mutation intérieure
Ram Dass, *Vieillir en pleine conscience*
Farcet Gilles, *Manuel de l'anti-sagesse*
Kelen Jacqueline,
Les sept visages de Marie-Madeleine
Klein Jean, *Transmettre la lumière*
Lama Denis Teundroup, *Le dharma et la vie*
Long Barry, *Seule meurt la peur*
Lozowick Lee,
L'Alchimie de l'amour et de la sexualité
Moacanin Radmilla,
C.G Jung et la sagesse tibétaine
Muller Jean-Marie,
Dictionnaire de la non-violence
Odier Daniel, *Le grand sommeil des éveillés*
Osho, *La voie de l'Amour*
Osho, *L'Evangile de Thomas*
Osho, *Un art de vivre et de mourir*
Satyam Nadeen, *De la prison à l'éveil*
Swami Chandra, *Instructions spontanées*
Eric Edelmann, *Plus on est de sages, plus on rit*

Achevé d'imprimer sur les presses de

BUSSIÈRE

GROUPE CPI

à Saint-Amand-Montrond (Cher)
en septembre 2006

Dépôt légal : septembre 2006.
N° d'imprimeur : 062478/1.
Imprimé en France